CONSEIL MUNICIPAL D'ALGER

QUESTION

DE

L'ENSEIGNEMENT PRIMAIRE

RAPPORT & DÉLIBÉRATION

ALGER

TYPOGRAPHIE DE L'ASSOCIATION OUVRIÈRE V. AILLAUD ET Cie.

1872

CONSEIL MUNICIPAL D'ALGER

QUESTION

DE

L'ENSEIGNEMENT PRIMAIRE

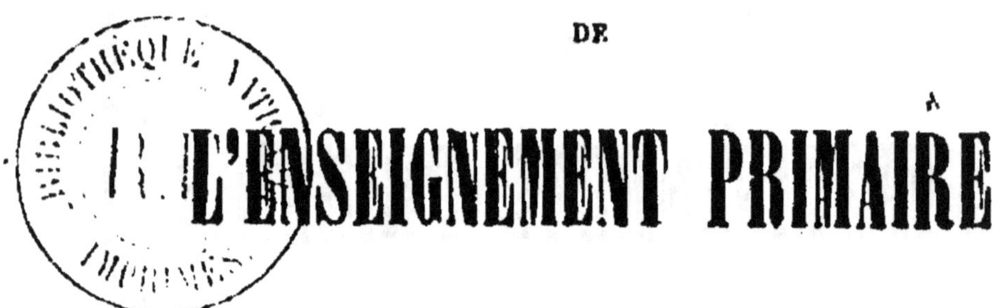

RAPPORT & DÉLIBÉRATION

ALGER

TYPOGRAPHIE DE L'ASSOCIATION OUVRIÈRE V. AILLAUD ET Cie.

1872

CONSEIL MUNICIPAL D'ALGER

SÉANCE DU 15 AVRIL 1872

PRÉSIDENCE DU CITOYEN GASTU, PREMIER ADJOINT

La séance est ouverte à 8 h. 1/2.

Sont présents : les citoyens Allier, Alphandéry, Antoni, Chaise, Clémenson, Cohen Solal, Elie, Feuillet, Gastu, Goret, Le Lièvre, Lormand, Roby, Berthoud, Crispo et Mustapha Raïato.

Absents : les citoyens Vuillermoz, député à l'Assemblée nationale, actuellement à Versailles, Rey et Vignard, en congé, Palisser, malade et excusé, Ben Marabet et Boukandoura.

Lecture est donnée du rapport suivant présenté par les citoyens Gastu et Clémenson :

Messieurs,

Vous nous avez donné la mission de vous faire un rapport sur l'arrêté pris par le Gouverneur le 21 mars et publié au *Moniteur de l'Algérie*, le 5 avril, à l'effet de remettre les congréganistes à la tête des écoles communales comme par le passé. Vous avez désiré qu'on recherchât si l'arrêté contient une saine appréciation de la situation scolaire actuelle, crée par les faits accomplis depuis le 9 octobre 1870, époque où la gestion des intérêts communaux vous a été confiée, ou si, au contraire, en entreprenant de bouleverser cette situation, il n'est pas sujet à être déféré à la censure du Conseil d'Etat.

Avant d'aborder cet examen, nous pensons qu'il importe de retracer la série des faits qui nous ont conduits à la situation présente. Deux époques bien distinctes se partagent ces faits L'une, de 1853 au 9 novembre 1870, l'autre, du 9 novembre à ce jour.

Jetons un rapidé coup d'œil sur la première, et assistons aux débuts et aux conquêtes des congréganistes dans la direction des écoles communales de la ville d'Alger.

Le 8 novembre 1852 (nous sommes au lendemain du coup d'Etat et à la veille du second plébiscite), l'évêque d'Alger demande timidement une école, une seule, de 5 frères ; encore la ville, M. l'évêque l'espère, sera aidée pécuniairement par les ministres de la guerre et de l'instruction publique.

Le Recteur écrivait alors : « Les écoles laïques
» vont bien. le niveau de l'instruction s'y est élevé
» d'une manière remarquable. grâce à l'établisse-
» ment d'un concours annuel. Curés et évêque se
» louent de ces écoles, ce serait une faute grave,
» une ingratitude de les supprimer. »

Mais il s'agit bien de cela ! ce qu'il faut, c'est la substitution immédiate des congréganistes aux laïques. Le Recteur ne l'*aperçoit peut-être pas enco-re*. Il pourrait, toutefois, le deviner, à l'appui pécuniaire que l'évêque est tout disposé à prêter.

Comme pour les cinq frères il va falloir 12,250 fr. de frais d'installation, et que le Conseil pourrait s'effrayer de la dépense, vite, le prélat intervient et offre tout d'abord 2,000 francs ; pour le surplus, il fait espérer le concours des ministères compétents. Il serait intéressant de savoir si ces deux mille francs ont jamais été donnés. Cependant la Commission ajourne. (19 novembre 1852.)

Le 26 mai 1853, le maire, alors nommé par le pouvoir, propose la suppression des deux écoles protestantes ; le Conseil n'accueille pas cette proposition, mais, ce qui est la même chose, il réduit le traitement des deux instituteurs de 1,900 à 1,100 fr. C'était les pousser à donner leur démission, en leur enlevant la possibilité de vivre.

Pourquoi cette rigueur ? rien de plus simple : on préparait le terrain aux congréganistes. On leur fait faire place, et, comme toute entreprise sainte doit être précédée de sacrifices qui soient agréables à Dieu, pour eux on abattait d'un seul coup deux victimes : c'était les deux écoles protestantes.

Les frères entrent dans cette bonne ville d'Alger, (26 mai 1853.)

Aussi bien, le maire de l'époque, M. de Guiroye, veut l'enseignement moral : « Outre que les frères, » disait-il, ne recherchent aucun intérêt mondain, » qu'ils ont renoncé à la famille, ils ont *une mora-* » *lité qui n'est pas partout ailleurs* aussi générale » et aussi obligatoire. »

Un seul membre fut loin de partager cette opinion, et dit qu'un père de famille laïque n'est point nécessairement ennemi de la famille, de la religion, des bonnes mœurs et du respect dû surtout à l'enfance.

Un autre membre appuya l'avis du Maire, par ce motif que les frères savent admirablement étouffer toute velléité d'ambition chez le fils de l'ouvrier, en lui mesurant l'instruction à petite dose.

Du reste, ce débat s'engageait quand la question n'était déjà plus entière. Plusieurs instituteurs avaient été privés de leur emploi ; M. de Guiroye, sensible à leur malheur, était censé faire des démarches pour leur procurer un dédommagement (séance du 11 septembre 1854) A cette séance, il est curieux de relever un trait de mœurs administratives du temps : le Maire, parlant à ce qu'on était alors convenu d'appeler le conseil, lui disait : « Je vous consulte, mais par pure convenance, c'est que je le veux bien. »

Une fois dans la place, les congrégations ne songèrent plus qu'à l'occuper entièrement. Aussi, vit-on la commission municipale donner au Maire tout pouvoir pour substituer, *quand il lui plairait*, les congréganistes aux laïques. (Séance du 11 mai 1854.)

Pour couronner cette œuvre, si conforme à la religion et à la justice, on n'exigea pas les certificats d'indigence pour les écoles congréganistes, mais on les maintint pour les écoles laïques ; d'où grande affluence chez les frères...; l'instruction qu'ils donnaient était tellement supérieure, disait-on ! (15 septembre 1854) Il est vrai qu'un an plus tard, on n'assujétit plus les familles à l'humiliante formalité des certificats, mais les écoles congréganistes étaient lancées : on avait réussi à faire le vide dans les autres.

Le même jour (11 septembre 1854), la banlieue est conquise : les frères s'installent à El-Biar.

A mesure que le temps s'écoule, l'enseignement par les religieux, qu'il ne faut pas confondre avec l'enseignement religieux, ne fait que s'étendre : tous les asiles, toutes les écoles de filles, toutes les écoles de garçons, deux exceptées, tombent aux mains des congrégations.

Dans ce ciel, pourtant, quelques nuages apparaissaient de temps en temps. Dans son rapport de 1863, le maire d'Alger, M. Sarlande, osait faire quelques remarques sur les congréganistes. « Ils » n'ont été introduits à Alger, qu'en sacrifiant des » droits acquis par les instituteurs laïques. On n'a- » vait rien négligé pour leur installation ; tandis » que la location des bâtiments affectés aux frères » coûtaient 11,000 fr., les écoles laïques ne de- » mandaient à la ville que 2,300 fr.

» Les locaux les plus vastes leur étaient accor-
» dés. Pour faire miroiter aux yeux des autorités
» des chiffres énormes d'élèves, ils ne parlaient
» que des inscrits et laissaient ignorer à la munici-
» palité, que le chiffre des élèves inscrits n'est point
» exact en réalité, les inscriptions étant en moyenne,
» d'un tiers et plus supérieures aux présences. »
(Rapport de 1863.)

Ajoutons que les frères avaient obtenu des subventions pour les fournitures gratuites (voir le cahier des charges 1869-70-71), subventions dont ils
disposaient absolument, sans avoir à en justifier,
et avec lesquelles ils enrichissaient la librairie de
leur société, tandis que les rares instituteurs laïques
devaient s'adresser à un adjudicataire et constater
leurs achats de livres et de papier par des bons ré-
guliers et vérifiés.

Dans le même rapport, M. Sarlande rendait hom-
mage au dévouement des instituteurs laïques et regrettait « de n'avoir pas trouvé chez les frères, le
» concours que la municipalité était en droit d'at-
» tendre ; que leurs rapports avec l'inspecteur de
» l'instruction primaire, intermédiaire et surveillant
» créé par la loi, ont été souvent empreints d'un
» certain esprit d'antagonisme peu compatible avec
« l'esprit d'humilité qui est la base de leur ordre et
« le caractère religieux dont ils sont revêtus. »

C'est pour cela qu'une commission fut nommée
dans le sein du conseil, pour exercer, sans conteste,
le contrôle refusé à l'inspecteur et faire rentrer ces
écoles sous l'empire de la loi et du droit commun.
(Rapport de M. Sarlande, 1863.)

Au point de vue financier, le même travail constate que les écoles laïques coûtent 12 fr. 98 c. par
élève, et pour les écoles congréganistes 14 fr. 28 c.

Le 15 novembre 1867, le conseil décide :

1° Que les écoles communales seront réorgani-
sées dans le but de recevoir dans les mêmes locaux

et sous la direction des mêmes instituteurs, tous les enfants de la localité, sans distinction ;

2° Les écoles seront exclusivement confiées à des instituteurs laïques.

A ce moment, le gouverneur général militaire, dont il semble qu'on s'étudie à nous faire regretter le libéralisme sur ce point, proposait aux conseils municipaux la création d'écoles mixtes, espérant que cette mesure serait féconde pour l'Algérie, et s'engageait à faire voter, par le conseil supérieur, la somme de 75,000 mille francs, pour encourager les tentatives en ce sens. L'archevêque ne pouvait manquer d'apparaître en cette circonstance. Il prétendit, sans succès cette fois, que les frères dirigeraient fort bien les écoles mixtes, mais que pour des raisons de haute convenance, les seuls prêtres catholiques auraient accès dans les écoles ; c'était violer la loi ; mais quoi ! la loi du Vatican ne prime-t-elle pas la loi française ?

Le 20 mai 1868, le Conseil supprime le traitement des frères de la rue Doria ; le directeur avait été subrepticement remplacé par un nouveau, sans que le Conseil eût même été consulté.

De là naquit un conflit qui ne prit fin que lorsque le maréchal Mac-Mahon eut mis à la charge du gouvernement général la dépense de l'école.

De cet historique, il ressort:

1° Que les frères ont été introduits à Alger, par un maire tout puissant sur la commission municipale, au mépris des droits régulièrement acquis aux instituteurs laïques ;

2° Que les droits incontestables de la municipalité ont été souvent mis en échec par la société des frères de la doctrine dite chrétienne ;

3° Que l'autorité même de l'inspecteur primaire a été méconnue, les frères ayant nécessairement, par la nature de leur institution, des tendances à s'affranchir des règles les plus ordinaires qui assurent la surveillance et le bon ordre.

La revue qui vient d'être passée est féconde en enseignements. Elle suffit à expliquer la période nouvelle que nous avons eu l'honneur d'inaugurer, et que nous allons de nouveau parcourir ensemble, si vous le voulez bien.

Les 9 et 12 octobre 1870 ont lieu les élections pour le renouvellement des Conseils municipaux de l'Algérie. Les électeurs d'Alger, préoccupés de faire cesser les abus introduits par les congréganistes dans l'enseignement public, manifestent hautement leur répulsion pour leur enseignement, et déclarent vouloir porter leurs choix sur les candidats qui se montreront disposés à restituer à l'enseignement laïque sa légitime influence. C'est sous l'empire de ces sentiments que vos noms sortent de l'urne. Un mois après votre installation, le neuf novembre, vous mettez à l'ordre du jour de votre séance, cette question essentielle et vous prenez une délibération en ces termes : « Dès ce jour, il sera notifié aux
» frères de la doctrine chrétienne, que la commune
» d'Alger n'a plus besoin de leur concours dès le
» 1ᵉʳ janvier 1871. Une semblable notification sera
» adressée aux sœurs de la doctrine chrétienne. »

Cette mesure fut accueillie généralement avec faveur, et parmi les personnes à qui les exigences d'une position à ménager, commandent, dans l'expression de leurs sentiments, la plus entière circonspection, un grand nombre ne put s'empêcher d'en témoigner une vive et profonde satisfaction.

Seul, le clergé éleva la voix. Il le fit par l'organe de son représentant, dans une lettre qui mérite d'être analysée. Dans cette lettre, portant la date du 19 décembre 1870 et adressée au ministre de l'instruction publique, M. Crémieux, l'Archevêque prend à partie, avec beaucoup d'animation, les conseils municipaux de la colonie. Ceux de Bône et d'Alger, en particulier, ont le privilège d'exciter son courroux.

Ce qui paraît l'irriter autant, sinon plus, que le renvoi des frères et des sœurs, prononcé par ces conseils, c'est leur inconcevable prétention de solliciter de l'État, la remise : l'un, celui d'Alger, des anciennes casernes Médée que l'Archevêque a louées, dit-il, à prix d'argent et avec promesse de vente : l'autre, celui de Bône, des anciennes casernes de l'*Atelic*, qui auraient été, selon lui, cédées au diocèse de Constantine. Puis, après un éloge décerné à son clergé, il arrive à sa propre apologie :
« Dans les circonstances douloureuses où se trouve
» la France, j'ai fait moi-même l'abandon de la
» moitié de mon traitement. J'ai promis publique-
» ment d'adopter les enfants de nos volontaires s'ils
» restaient orphelins.

» J'ai offert, pour en faire des canons, toutes
» les cloches de nos églises. J'ai donné pour les
» blessés mon archevêché, mon grand et mon pe-
» tit séminaire. J'ai fait ensemencer une portion
» des propriétés diocésaines pour en réserver le
» blé à la France. Je fais engager dans les troupes
» indigènes, les orphelins arabes que j'élève, afin
» d'envoyer un nouveau secours à la France. »

Vient enfin un pressant appel à l'autorité du mi-
nistre, afin que, par elle, les congréganistes soient maintenus en possession de l'enseignement communal.

La réponse du ministre ne se fit pas longtemps attendre. Elle est du 22 décembre, et remarquable de tous points.

Nous en extrayons les deux passages les plus utiles à connaître en ce moment : « Le gouverne-
» ment, déclare le ministre, ne saurait, en aucun
» cas imposer, aux communes et à leurs conseils
» municipaux, la conservation d'un mode d'ins-
» truction primaire qui présente à leurs yeux l'in-
» convénient de constituer un monopole exagéré,
» au profit d'une seule communion religieuse. »

Et plus loin, le ministre ajoute : « En ce qui
» concerne spécialement nos trois départements
» algériens, la juxta-position de religions diffé-
» rentes, crée au gouvernement des devoirs par-
» ticuliers, et, avant tout, celui de laisser aux
» différents cultes la plus grande indépendance
» possible, et d'écarter scrupuleusement les ques-
» tions religieuses, de tout ce qui peut se rattacher
» au gouvernement et à l'administration du pays.
» Les communes ne se méprennent donc pas en
» cherchant à multiplier l'instruction laïque, qui
» offre, à un plus haut degré que toutes les autres,
» des conditions de désintéressement absolu en
» matière de religion. »

Messieurs, l'importance de ces déclarations ne
vous échappera pas. Leur actualité subsiste tout
entière, et elles sont aujourd'hui, plus que jamais,
le plus sûr refuge où puisse s'abriter votre délibération du 9 novembre.

Pourtant, à côté ou au-dessous d'elles, comme
on voudra, il n'est peut-être pas indifférent de placer celles que le Commissaire extraordinaire, M. du
Bouzet, adressait, lui aussi, à M. le vicaire général,
à la date du 31 décembre : « Nul article de loi, di-
» sait-il, n'oblige la commune à choisir telle caté-
» gorie de maître, plutôt que telle autre. Le conseil
» municipal élu, seul représentant légal de la popu-
» lation, est souverain en cette matière. »

Et il finissait ainsi : « Il m'est impossible de trou-
» ver dans notre législation, un seul article de loi
» qui enlève à la commune d'Alger le droit qu'elle
» veut exercer. »

Rien de plus clair et de plus formel que la pensée du gouvernement. Dès lors, surmontant ses
scrupules, le préfet, M. Hélot, donna, sans plus de
difficultés, son approbation à la délibération du 9
novembre.

Bien plus, comme pour aller au-devant des dé-

sirs des Conseils municipaux qui auraient pu hési-
ter à imiter la commune d'Alger, il fit insérer dans
le *Moniteur officiel* de l'Algérie, la note que voici :
« Le préfet par intérim du département d'Alger est
» décidé à revêtir de son approbation, toutes les
» délibérations des Conseils municipaux régulières,
» et à lui soumises régulièrement, tendant à rem-
» placer, dans les écoles communales, les institu-
» teurs et institutrices congréganistes par des laï
» ques. »

Hâtons-nous de dire qu'il n'est peut-être pas une
commune qui ne se soit empressée de profiter de
ces dispositions.

Cet exposé ne serait pas complet, si nous oubliions
de dire qu'en même temps que l'archevêque essayait
d'exciter, en faveur des congrégations, le zèle
du gouvernement, les congréganistes, de leur côté,
n'épargnaient aucune démarche pour grossir les
rangs de leurs fidèles.

Leur ardeur à colporter, dans leurs écoles surtout,
une pétition pour que leur enseignement fût main-
tenu, produisait un volumineux cahier contenant,
soi-disant, six mille signatures. En réalité, ce recueil
ne supporterait pas un instant l'examen d'un
esprit sérieux. Le petit nombre de personnes
à qui il a été permis de le voir, n'ont pu se défendre
d'en sourire. Dépourvu de toute garantie de sincé-
rité, il ne pouvait exercer aucune influence. Remis
aux mains de M. le commissaire extraordinaire, M.
du Bouzet, il n'a été, comme on l'a vu, d'aucun
poids.

Rien ne s'opposant plus à ce que la délibération
du 9 novembre fût exécutée, les instituteurs laïques furent présentés à M. le Recteur, qui les nom-
ma.

Les nouvelles écoles ouvrirent le 9 janvier 1871.

De leur côté, les congréganistes ouvrirent des
écoles libres ; et, usant du droit que la loi attribue à

cet égard à tout citoyen, ils s'arrangèrent de manière à faire la plus grande concurrence possible aux écoles communales, en attendant que vînt le moment propice de reconquérir les positions perdues.

Voulant intéresser à la prospérité des nouvelles écoles tous les citoyens les plus recommandables de la ville, sans distinction de parti ni de religion, il vous vint à l'esprit de créer, à cet effet, deux comités de patronage : l'un, celui des dames, pour les écoles de filles, l'autre, celui des hommes, pour les écoles de garçons. Ces deux comités, dont vous choisîtes les membres, se réunirent et se constituèrent à la mairie, sous la présidence du maire : les dames, le 14 janvier, les hommes, le 16 du même mois.

Dans chacune de ces réunions, le maire se plut à déclarer qu'en quittant les Écoles communales, les congréganistes n'emportaient pas Dieu avec eux. Ce qu'il fallait, disait-il, c'était l'éducation du pays par le pays lui-même.

A des enfants appelés un jour à devenir des pères de famille et des citoyens, il voulait qu'on donnât pour instituteurs, des hommes qui eussent eux-mêmes les vertus du père de famille et du citoyen. Il repoussait avec énergie l'accusation qu'on allait exclure l'enseignement religieux des écoles, alors qu'il s'agissait, au contraire, de l'épurer et de le porter à sa véritable hauteur. Il invoquait ensuite en faveur de l'innovation réalisée, l'intérêt social, et pour ce pays, celui de la fusion des races.

Les comités n'eurent pas de peine à s'associer à ces vues. Depuis lors, il les ont secondées à qui mieux mieux, et si nous avons tant à nous louer de la marche ascendante suivie par nos écoles depuis cette époque, c'est à eux, il faut le dire, à leur dévouement, que revient la plus grande partie de l'honneur.

C'eût été, toutefois, une erreur de croire que la

nouvelle organisation resterait longtemps sans être attaquée.

Le 18 septembre 1871, le maire recevait du préfet, communication d'une dépêche dans laquelle M. le Gouverneur général appréciait, à un point de vue particulier, le débat pendant entre l'enseignement laïque et celui des congrégations, et mettait en avant une sorte de transaction entre les deux intérêts. Vous étiez en même temps invités à délibérer sur le projet conçu par M. le Gouverneur général.

Après avoir critiqué les municipalités qui, selon lui, avaient outrepassé leurs droits et usurpé des pouvoirs, et s'être élevé contre un état de choses opposé au vœu de la loi, s'appuyant d'un autre côté sur la pétition dont il a été parlé plus haut, le Gouverneur annonçait qu'il en avait référé au ministre, lequel avait répondu en proposant, dans les communes où il existait plusieurs écoles communales, d'en partager également la direction entre les laïques et les congréganistes. Mais M. le Gouverneur général déclarait, quant à lui, ne pas adopter ce système et lui préférer celui qu'il formulait ainsi: « De » même que dans les bureaux de bienfaisance, on » distribue des cartes de secours, des bons de vi- » vres, pourquoi, dans les communes qui comptent » plusieurs écoles, les mairies ne se borneraient- » elles pas à délivrer des cartes d'enseignement, » valables pour toutes les écoles, sans distinction ? »

Dans sa lettre d'envoi, M. le Préfet se chargeait de caractériser cette proposition par ces mots : « Le » système recommandé par le Gouverneur, est la » base d'un nouveau régime d'enseignement pri- » maire. »

Le Conseil municipal, réuni pour en délibérer, vit bien quelle perturbation aurait jeté dans ses écoles, dont le fonctionnement ne laissait rien à désirer, l'accueil d'un tel projet. Il sentit également qu'il aboutirait à des conséquences financières dont l'inconnu ne laissait pas de limites aux appréhensions qu'on était en droit d'avoir. Il se vit donc contraint de passer à l'ordre du jour.

Mais peu de mois après, le Préfet recevait l'ordre de reprendre cette question et d'en saisir à nouveau le maire et le Conseil municipal. Ce fonctionnaire écrivit donc en ce sens, le 3 mars dernier ; mais, cette fois, en laissant pressentir que si le Conseil persistait à repousser le système préconisé par le gouverneur, il s'exposerait à voir annuler l'approbation préfectorale du 27 décembre, et, par suite, la délibération du 9 novembre, et qu'ainsi, faute de consentir à donner quelque chose aux congréganistes, ces derniers reprendraient tout « L'approbation » préfectorale, dit M. le gouverneur, en homologuant » une disposition illégale, était elle-même suscep- » tible d'infirmation de la part du pouvoir ministé- » riel, et si cette *infirmation*, déjà *prononcée*, » était promulguée, les choses se trouveraient dans » l'état où elles étaient avant le vote du 9 novem- » bre. »

Cette infirmation, déjà prononcée par le pouvoir ministériel, le Conseil municipal était en droit de désirer d'en connaître les termes. Par sa délibération du 14 mars, il demande que communication lui en soit faite.

Il lui est répondu le 26 mars. Mais au lieu de l'acte du pouvoir ministériel auquel il s'attendait, à sa grande surprise, le Conseil municipal se trouve en présence d'un arrêté pris la veille par M. le Gouverneur général. Par cet arrêté, le Gouverneur *prononçait lui-même* une infirmation dont l'existence antérieure et fictive était déjà annoncée le 3 mars.

A la vérité, cet arrêté, dont la naissance improvisée vous a tant surpris, se fonde sur une délégation du Ministre de l'instruction publique, en date du 10 février dernier. On en concluera, peut-être, que si

l'infirmation, annoncée le 3 mars, n'existait pas sur
le papier, elle existait certainement dans l'esprit de
M. le Gouverneur. Mais cela est-il la même chose ?
Toujours est-il que cette délégation que vous auriez tant d'intérêt à consulter, et qui, de cette
grande affaire, constitue un des documents les plus
essentiels, à l'heure qu'il est, ne vous a pas encore
été communiquée ; malgré la demande qui en a
été faite, elle n'a pas cessé d'être tenue religieuse-
ment secrète. Quoi qu'il en soit, l'arrêté est pris et
publié. On n'a pas cru devoir attendre que le Conseil ait pris le temps nécessaire pour s'expliquer en
détail sur le système proposé, tant on parait impa-
tient de voir cet arrêté s'exécuter. Le préfet est
chargé de ce soin. Les stimulants ne lui manque-
ront pas. Car, comment supposer que le zèle de ceux
qui ont mis tant d'ardeur à solliciter cet arrêté, et
au profit de qui il tournerait, s'il pouvait aller p'us
loin, va soudain se refroidir après un si beau coup ?
Donc, le temps presse.

Cet arrêté que vient-il faire ? Que veut-il ? Quel
est-il ? Nous avons peine à le reconnaître.

Examinons-le de près.

L'observation qui nous frappe en premier lieu,
c'est qu'il se réclame d'une délégation émanée du
ministre de l'instruction publique. S'il pouvait en-
trer dans notre pensée de reconnaître au ministre
le pouvoir d'infirmer, au cas présent, l'approbation
préfectorale, nous aurions à nous demander, si ce
pouvoir, il lui était loisible de le déléguer ; nous
invoquerions le décret organique du 10 décembre
1860 qui refuse au gouverneur général, art. 5, 6
et 7, la connaissance de tout ce qui se rattache à la
justice, aux cultes et à l'instruction publique, et
nous en tirerions la conséquence que le ministre
n'était pas libre de transférer, de son chef à un autre fonctionnaire, un pouvoir qui lui était tout spécialement confié ; nous établirions à cet égard la né-

cessité d'un décret, un décret seul pouvant déroger à des dispositions qui sont d'ordre public.

Nous fallût-il admettre, contre toute évidence, en faveur du ministre, le pouvoir de délégation, resterait encore à savoir si, en la donnant, il n'y a pas eu de sa part imprudence et faiblesse. Qui pourrait dire s'il n'a pas exposé aux atteintes du fanatisme religieux, les intérêts les plus considérables, ceux que tout lui commandait de préserver avec un soin jaloux? Appelé, par sa position, à être l'interprète autorisé de la loi, et par elle à peser, dans une juste balance des prétentions contradictoires, devait-il abdiquer ce rôle, se démettre en faveur d'une des parties, et livrer à sa discrétion le sort de l'autre? N'a-t-il pas laissé envahir son domaine, et quand il le voudra, est-il sûr d'en recouvrer la pleine et entière possession?

M. Guizot disait en 1833:

« Lorsqu'il s'agit de la direction de l'instruction
» publique, de la surveillance de l'enseignement et
» des méthodes, ce n'est pas à l'administration gé-
» nérale, c'est à l'administration spéciale qu'appar-
» tiennent ces attributions. »

Mais n'insistons pas davantage sur ces considérations; Qu'il nous suffise de les avoir indiquées. Pour nous, la question de savoir si le ministre pouvait ou devait déléguer ses pouvoirs, nous touche peu, du moment qu'il est certain qu'on ne peut déléguer à autrui un pouvoir quelconque, que tout autant qu'on l'a valablement soi-même. Or, le pouvoir d'infirmer l'homologation préfectorale du 27 décembre, le ministre ne l'avait pas.

Et tout d'abord, éclairons-nous sur les véritables principes, relativement à cette approbation préfectorale, sans laquelle la plupart des délibérations des conseils municipaux restent incomplètes. Une distinction est ici nécessaire.

Elle est indiquée par la combinaison de l'art. 20

de la loi du 18 juillet 1837 et des articles 23 et 24 de la loi du 5 mai 1855. se rapportant toutes deux à l'administration municipale. D'après ces textes, applicables en Algérie, le premier, pour avoir été reproduit dans l'ordonnance de 1847, et le second, en vertu de l'article 15 du décret de 1866, les délibérations des conseils municipaux se présentent aux yeux du préfet sous deux aspects essentiellement différents. Les unes, dans lesquelles ont été observées les prescriptions de la loi, sont valables en elles-mêmes, mais leur utilité est plus ou moins grande, l'intérêt auquel elles répondent est plus ou moins pressant ; elles sont appelées à exercer sur la prospérité de la commune une influence plus ou moins avantageuse, plus ou moins nuisible.

Dans ces divers cas, le préfet, après examen, apprécie s'il convient de donner son approbation ou de la refuser. S'il est convaincu de l'utilité de la mesure contenue dans la délibération, il approuve, et, dès ce moment, la délibération, ayant reçu la force exécutoire qui lui faisait jusque là défaut, peut être mise en mouvement et passer à son tour dans les faits accomplis Est il convaincu du contraire, il n'est pas nécessaire, à la rigueur, qu'il exprime son refus, il lui suffit de s'abstenir ; tant que durera cette abstention, la délibération restera frappée d'inertie et d'impuissance. Mais, soit qu'il approuve, soit qu'il n'accorde pas l'approbation. il ne fait qu'user d'un droit qui lui est personnel, car il agit comme tuteur de la commune, et c'est à lui seul que la loi a confié l'exercice de cette tutelle. Les ministres n'y peuvent rien. En vain prétendraient ils exercer, en cette matière, le droit de contrôle, qu'ils ont. en général. sur les actes d'administration des préfets ; ici la loi le leur refuse formellement. Ce n'est qu'exceptionnellement que leur intervention est admise, et seulement pour les cas qui leur ont été expressément réservés. Tel est le sens de l'art

20 de la loi du 18 juillet 1837. (Cass.. 22 novembre 1839, V. Dalloz, Commune, n° 374.) Voilà pour les délibérations ne donnant lieu qu'à une simple question d'utilité, et dont le sort est subordonné à l'opinion qu'en a conçue l'autorité préfectorale.

Les autres sont d'une nature bien différente. Quelle que soit leur utilité, peu importe, dès l'instant qu'elles sont entachées d'un vice originel. Ce vice peut résulter de ce qu'elles ont trait à des objets étrangers aux matières dont peuvent connaître les Conseils municipaux, ou bien de ce qu'elles ont été prises hors des réunions légales. Dans l'un et l'autre cas, la loi les déclare nulles de plein droit. Mais à qui appartiendra-t-il d'en prononcer la nullité ? Est-ce au ministre ? Nullement ; la loi a dévolu ce pouvoir uniquement aux préfets. Les articles 23 et 24 de la loi du 5 mai 1855 disposent que les préfets, en conseil de préfecture, déclarent la nullité de ces sortes de délibérations, et qu'en cas de réclamation des conseils municipaux, le Conseil d'Etat est appelé à statuer.

Que si le préfet, par distraction ou par erreur, ne s'apercevait de la nullité de la délibération qu'après l'avoir revêtue de son approbation, la loi ne s'oppose pas à ce qu'il se rectifie lui-même, s'il en est encore temps, et pourvu qu'il observe les formes qu'elle prescrit. Si les choses sont entières, si, nonobstant l'approbation, la délibération est restée sans être exécutée, il en prononcera la nullité. Si, au contraire, la délibération approuvée. quoique nulle, a reçu son exécution, à ce point qu'elle ait constitué des droits acquis, prononcer, en ce cas, la nullité serait sans objet, ou plutôt deviendrait une source d'embarras.

D'après ce que nous venons de dire, on voit où réside la compétence. Quand il s'agit d'homologuer ou d'annuler les délibérations des Conseils municipaux, elle est tout entière dans les mains des préfets. Au-dessus des préfets, mais seulement pour les délibérations déclarées nulles en Conseil de préfecture, vient le pourvoi devant le Conseil d'État.

Appliquons ces principes.

Vous savez de quelle espèce sont les nullités qui, au dire de l'arrêté de M. le gouverneur, vicieraient votre délibération.

D'une part, vous n'auriez pas été appelés à délibérer (2ᵉ considérant) — et d'autre part, vous auriez pris une décision au lieu d'un simple avis que vous auriez dû émettre. — (3ᵉ considérant) ; — précisément les deux cas dont nous venons de nous occuper et qui font l'objet des deux articles 23 et 24 que vous connaissez maintenant.

En d'autres termes, suivant l'arrêté de M. le Gouverneur. vous n'auriez pas été réunis légalement, le 9 novembre. jour de votre délibération, et vous vous seriez, ce jour-là, occupés d'un objet qui ne rentrait pas dans vos attributions.

Eh bien ! en supposant que les choses se soient passées ainsi, ce que nous aurons à examiner plus loin, en supposant que vous ayez doublement violé la loi, ce sont les articles 23 et 24 de la loi du 5 mai 1855 auxquels il est indispensable de recourir. Au préfet seul, en conseil de préfecture, appartient le droit d'anéantir votre délibération, s'il le croit encore utile. Mais non ! pour se résoudre à une pareille extrémité, il faudrait être un administrateur sans tact et sans intelligence de la situation.

Ce n'est pas lorsqu'une délibération est exécutée depuis seize mois. qu'elle sert d'égide aux intérêts les plus nombreux et les plus respectables et de point d'appui à une organisation excellente, qu'on peut s'aviser, tout à coup, de la déclarer nulle et non avenue.

Le pouvoir qui irait jusque là, aurait beau protester de sa passion pour le bien public, on serait en droit de ne voir en lui que l'esclave d'une passion étroite et personnelle.

Si donc vous aviez violé la loi, vous pourriez vous en consoler, en pensant que M. le gouverneur, la viole bien plus sûrement par l'arrêté à l'aide duquel il prétend la faire respecter. Cet arrêté est, sans contredit, d'une illégalité flagrante

Il est absolument contraire aux articles 23 et 24 de la loi du 5 mai 1855, méconnaît la procédure tracée en pareille matière par ces articles et constitue un véritable excès de pouvoirs : il est radicalement nul.

Vous accueillerez donc la proposition que nous aurons tout à l'heure l'honneur de vous faire : de vous pourvoir au Conseil d'Etat.

Mais ce n'est pas assez d'avoir démontré l'inanité de l'arrêté du 21 mars, et d'avoir établi que, malgré lui, la délibération du 9 novembre et l'approbation préfectorale subsistent dans toute leur force, il faut encore que nous fassions voir que ses reproches sont injustes, ses griefs mal fondés, et qu'en agissant comme vous l'avez fait, vous n'êtes pas sortis de votre droit.

Que dit-on ?

Premièrement, on vous reproche d'avoir délibéré sur la substitution des laïques aux congréganistes, sans y avoir été préalablement appelés. Mais la date même de votre délibération indique assez que vous étiez à l'époque où se tient la session ordinaire de novembre. Or, ce qui distingue précisément les sessions ordinaires des sessions extraordinaires, c'est que, pour les premières, il n'est pas besoin d'une convocation spéciale de l'autorité préfectorale. Dans ces sessions, le conseil se réunit de droit. C'est, de plus, que, dans les réunions ordinaires, les conseillers jouissent d'une initiative qu'ils n'ont pas dans les autres. Dans ces dernières, en effet, ils ne peuvent connaître que des matières qui ont été à l'avance déterminées par le préfet. Vous étiez donc le 9 no-

vembre en session ordinaire ; il n'était pas nécessaire, pour la validité de votre délibération, que
vous fussiez appelés ; et comme aux termes de l'article 16 § 4 de la loi du 5 mai 1855, vous pouviez
vous occuper de toutes les matières rentrant dans
vos attributions, c'est avec raison que vous avez
fait figurer à votre ordre du jour la question de
l'enseignement par des maîtres laïques.

Mais il est une objection qu'il faut prévoir. Elle
consiste à dire que le conseil était en permanence et
ne tenait aucun compte, dans ses réunions, des
distinctions établies par la loi. Mais ignore-t-on
qu'à cette époque, et en raison des circonstances
extraordinaires que nous traversions, le gouvernement n'a fait aucune difficulté de laisser les Conseils se réunir plus fréquemment, sans les formalités
d'usage ?

L'irrégularité, si elle existe, a donc été pleine-
ment couverte par l'acquiescement, sinon exprès,
du moins tacite, donné par lui à ces réunions, et
par le fait qu'il s'est abstenu de réclamer la réfor-
mation des délibérations qui en sont sorties. Lorsqu'il a jugé le moment venu de faire revenir les
Conseils municipaux à l'observation de la loi de
l'empire, il l'a fait connaître. Nous pouvons citer à
ce sujet une circulaire du 13 mai 1871, du Préfet
d'Alger aux Maires, où il est dit : « Les dispositions
» de la loi de 1855 ayant été *provisoirement* main-
» tenues par la loi du 14 avril 1871, je dois, M. le
» Maire, vous inviter à vous y conformer. » Par
là, l'administration mettait fin aux incertitudes tou-
chant les libres réunions des conseils ; et en son-
geant à régler l'avenir, elle consacrait le passé.

Donc, votre délibération du 9 novembre, ayant
été prise en session ordinaire, et pouvant, à plus
forte raison, réclamer le bénéfice de l'assentiment
donné par le gouvernement à celles qui n'étaient
pas dans le même cas, est, sous ce rapport, exempte
d'illégalité.

Mérite-t-elle mieux le second reproche qu'on lui adresse ? Est-il vrai qu'elle porte sur un objet étranger à vos attributions ? Est-ce bien réellement une décision que vous avez prise, ainsi que le veut l'arrêté, ou bien est-ce un avis ?

De ce que vous avez employé le mot *décider* dans votre délibération, s'ensuit-il nécessairement qu'on doive voir en elle une décision, dans le vrai sens du mot ? Qu'est-ce qu'une décision ? N'est-ce pas un acte de la volonté qui prétend se suffire à elle-même et réaliser le projet conçu sans le secours d'une autre volonté ? Telle n'est pas la portée que vous avez entendu donner à votre délibération du 9 novembre. Que, désirant avec ardeur voir les écoles communales passer aux mains des laïques, votre expression par son énergie, ait été jusqu'à égaler l'intensité de votre désir, qui en doute ? Mais, que vous ayiez voulu la faire servir à manifester une résolution qu'aucune influence ne devait séparer de l'action, c'est ce qu'on ne saurait dire sans manquer à la vérité Attachons nous moins aux mots et un peu plus aux choses ! Votre délibération était si peu une décision, que vous vous mettiez en instance pour obtenir l'approbation préfectorale Qu'est-ce qu'une décision qui se soumet d'elle-même à une décision plus haute et qui reste en suspens jusqu'au moment où intervient cette dernière ? N'est-ce pas là un avis, une proposition, tout ce qu'on voudra, excepté une décision ?

Volontiers nous admettrions, à la rigueur, qu'avant la sanction préfectorale, les termes employés dans votre délibération aient été de nature à inspirer quelques doutes quant à sa légalité ; mais, à ce moment, si le doute a pu être permis, pense-t-on qu'il le soit encore ? L'examen du Préfet et l'approbation qui en a été la suite, n'ont-ils pas eu cet effet d'éclairer votre délibération, d'en fixer le sens et d'en dissiper les nuages ? Il se pouvait qu'un mot voilât

son vrai caractère, qu'une formule inexacte tendit à
lui donner une physionomie autre que la sienne.
Le Préfet est intervenu et a dit : « Votre délibération n'est qu'un avis ; voilà pourquoi je l'approuve. »
Cela ressort avec évidence de la note insérée au *Moniteur*, par laquelle ce fonctionnaire faisait connaître que son approbation était assurée à toutes les
délibérations régulières des conseils municipaux
tendant à la substitution des laïques aux congréganistes. Le Préfet a donc reconnu, lui-même, la ré-
gularité de la délibération du 9 novembre. Aussi,
lui a-t-il communiqué la vie en lui conférant, le 27
décembre, son approbation.

Voilà donc votre délibération ramenée à son véritable caractère.

On observera peut-être, que nous donnons ici
trop d'importance au Préfet ; que jamais son approbation n'a pu légitimer, pas même redresser une
délibération incorrecte ; nous répondrons que l'autorité morale de l'approbation n'a, pour nous, rien à
redouter de sa comparaison sur ce point avec l'arrêté du 21 mars. Souvenez-vous de la lettre du Ministre, M. Crémieux. « Les Municipalités, dit-il à
l'archevêque, ne se méprennent pas en cherchant à
étendre l'enseignement laïque. » C'est donc l'opinion du Ministre de l'instruction publique, lui-même,
que l'approbation préfectorale est venue faire pré-
valoir. Que vient donc faire aujourd'hui le Ministre
ou plutôt le fonctionnaire en faveur duquel il s'est
démis ?

Entre les laïques et les congréganistes, pourquoi
viendrait il prononcer ? Est-ce qu'il ne l'a point déjà fait, une fois pour toutes, le 22 décembre 1871 ?
Disons le donc sans crainte ; votre délibération peut
braver hardiment l'arrêté du 21 mars de M. le Gouverneur général. Elle a été jugée favorablement
par le Ministre d'abord, par le commissaire extraordinaire ensuite, enfin, elle a reçu le sceau ineffaça-
ble de l'approbation préfectorale.

Nous croyons avoir réussi à démontrer qu'en portant sur elle le jugement que vous savez, l'auteur de l'arrêté du 21 mars en avait fait une appréciation erronée.

Nous n'avons pas eu plus de peine à établir qu'il avait eu, sur l'étendue de ses pouvoirs, une grande illusion ; que rien ne l'autorisait à infirmer l'approbation préfectorale, à s'affranchir surtout des règles prescrites par les articles 23 et 24 de la loi de 1855.

Deux arguments secondaires de l'arrêté sont à examiner. Deux mots suffiront. Le Recteur, dit-on, n'a pas révoqué les congréganistes. Qu'on nous explique, en ce cas, ce qu'il faisait, en nommant des maîtres laïques à leur place. Il leur donne des successeurs, et on appelle cela ne pas révoquer ? En vérité, c'est se jouer des mots.

En fait, ajoute-t-on, les écoles congréganistes sont restées ouvertes. — A quel titre, je vous prie ? Est-ce comme écoles publiques ? C'est ce qu'on voudrait laisser entendre. Mais on sait bien que, si elles sont restées ouvertes, c'est dans d'autres locaux, et uniquement comme écoles libres, conformément à la loi de 1850, et qu'à ce titre, il n'est venu à l'esprit de personne d'en empêcher l'ouverture.

Nous en resterons là, Messieurs. Aussi bien les développements auxquels nous ont entraînés les observations que nous avions à vous présenter nous ont conduit assez loin.

Nous avons pourtant un regret, c'est que la longueur de la carrière que nous venons de parcourir ne nous permette pas d'étudier à loisir le système des bons d'école, cher à M. le Gouverneur général. Il ne nous serait pas difficile de montrer que ce système ne pourrait triompher qu'en supprimant l'enseignement communal, sous prétexte d'assurer l'égalité de toutes les écoles primaires. On verrait que la liberté de conscience des pères de famille, qu'on invoque en sa faveur, est à tort mêlée à ce débat, et qu'elle ne court absolument aucun danger ; que cette liberté aussi bien que l'intérêt des contribuables étrangers, no sont que des prétextes derrière lesquels se dissimule le désir de vous destituer, vous les véritables représentants des pères de famille de la cité, de l'influence légitime qu'il vous appartient d'exercer sur la direction des écoles publiques.

On prouverait enfin que ce système est impraticable parce qu'il serait désastreux pour les finances de la ville ; et ce qui serait de nature à vous toucher plus sensiblement que tout le reste, il serait un sérieux obstacle à la fusion des races. Il irait contre le but que se proposait le Gouvernement général en 1867, alors sur ce point, plus sage qu'aujourd'hui, lorsqu'il disait dans une circulaire du 23 décembre :

« Il ne doit y avoir d'enseignement commun à tous » les élèves que l'enseignement primaire, l'intruc- » tion religieuse devant être donnée à part par les » représentants des divers cultes. »

Avant de terminer, il n'est pas mauvais de rappeler que dans une circulaire du 28 octobre dernier aux Préfets, M. le Ministre de l'Instruction publique disait :

« L'assemblée nationale est saisie de plusieurs pro- » positions relatives à la nomination des instituteurs. » Il serait à désirer qu'on pût attendre la décision de » l'autorité souveraine sur les difficultés qui s'élè- » vent à ce sujet. »

Dans sa dépêche du 8 septembre 1871, M. le Gouverneur général nous apprend, de son côté, que M. le Ministre lui a recommandé d'éviter avec soin tout ce qui pourrait être une cause d'agitation publique, et, par conséquent, de consulter le vœu des majorités.

Nous demandons, en présence de l'arrêté du 21 mars, si les intentions du Ministre ont été véritablement respectées.

En conséquence, nous avons l'honneur de soumettre à votre approbation le projet de délibération suivant :

Le Conseil,

Vu la dépêche circulaire du Gouverneur général, en date du 13 septembre 1871 ;

Vu la dépêche préfectorale du 3 mars 1872 ;

Vu l'arrêté du Gouverneur général, en date du 21 mars 1872 ;

Ouï le rapport de ce jour ;

Considérant que la délibération du Conseil municipal du 9 novembre 1870 a été prise en session ordinaire ; qu'en conséquence, le Conseil n'avait pas besoin d'être appelé à délibérer sur un objet dont il pouvait être régulièrement saisi par l'initiative d'un de ses membres ;

Considérant qu'après en avoir mûrement apprécié la portée et s'être inspiré de la pensée du gouvernement, le Préfet lui a donné son approbation, à la date du 27 décembre suivant ; que par là, ladite délibération a reçu sa perfection et que rien n'a pu dès lors faire sérieusement obstacle à son exécution ;

Considérant qu'il n'appartient pas au Ministre d'infirmer une approbation qui rentre dans la compétence exclusive du préfet, aux termes de l'article 20 de la loi du 18 juillet 1837 ;

Considérant que dès l'instant que le ministre était lui-même incompétent, il était impuissant à donner à un autre fonctionnaire une délégation valable ;

Que cette incapacité, au surplus, résulterait des dispositions formelles du décret organique du 10 décembre 1866, établissant une distribution de pouvoirs, dispositions auxquelles il ne saurait être dérogé qu'en vertu d'un décret spécial;

Considérant que vainement l'arrêté du 21 mars 1872 regarde la délibération du 9 novembre 1870 comme nulle et prétend, dès lors, infirmer l'approbation préfectorale qui l'a suivie;

Qu'à supposer que cette nullité fût établie, elle ne pourrait être déclarée, aux termes des articles 23 et 24 de la loi du 5 mai 1855, que par le Préfet en Conseil de préfecture, déclaration qui, elle-même, donnerait, en faveur de la commune, ouverture au pourvoi devant le Conseil d'État;

Par ces motifs,

Déclare se pourvoir, en Conseil d'État, à l'effet d'en obtenir l'annulation, contre l'arrêté du Gouverneur général, en date du 21 mars 1872.

Le citoyen Lelièvre demande la parole. — Le rapport qui vient d'être lu est très complet en ce qui touche l'historique et la partie juridique de la question; mais il serait peut-être utile de faire ressortir davantage les difficultés presque insurmontables que présenterait l'exécution du plan proposé par M. le Gouverneur général civil. On suivrait difficilement le sort de ces *bons d'écolage*, comme les appelle ce fonctionnaire, bons que je serais plutôt disposé à qualifier de bons d'indigence et dont la distribution ouvrirait la porte à des abus nombreux Les instituteurs congréganistes ne sont que trop disposés, et, sur ce point, je suis de l'avis de M. Sarlande, à enfler le chiffre des élèves qui fréquentent leurs écoles. La rétribution attachée à la présentation des bons d'indigence et proportionnelle à leur nombre, en éveillant leurs scrupules, aurait-elle pour effet de faire cesser ces fraudes pieuses ? Je n'en sais rien ; mais quoi qu'il en soit, la commune serait dans l'impossibilité d'exercer un contrôle sérieux sans le concours de nombreux agents, qui viendraient encore grever son budget. Ce que je dis de la surveillance, je puis le dire aussi de la comptabilité, qui serait singulièrement compliquée par l'addition de ces rouages d'une invention toute nouvelle.

J'ai aussi une observation à faire au sujet des élèves qui fréquentent actuellement les écoles congréganistes. Les enfants étrangers en forment la majeure partie, 80 o/°, assure-t-on. Si le fait est exact, comme j'ai tout lieu de le croire, il en ressortirait que la population française a presque unanimement donné sa préférence aux instituteurs laïques.

Le Maire répond que les difficultés, ou plutôt les impossibilités qui viennent d'être signalées ne lui ont pas échappé. Mais il a pensé que le rapport devait exclusivement porter sur la situation qui était faite à la commune par l'arrêté du 21 mars. En présence de cet arrêté tout ce qui se rapportait au système de M. le Gouverneur général ne pouvait trouver place dans le rapport. Néanmoins, il est certain que ce système donne lieu à des critiques de toute sorte qui pourraient être présentées dans un travail spécial.

Le citoyen Berthoud. —Il serait possible de vérifier ce fait avancé par notre collègue Lelièvre que les enfants étrangers forment la plus grande partie des élèves qui fréquentent les écoles congréganistes. Quoi qu'il en soit, je proteste hautement contre l'allégation de nos adversaires tendant à faire croire que les étrangers tiennent absolument à l'instruction congréganiste et n'en veulent pas d'autre pour leurs enfants. Dans les réunions qui ont précédé les élections au Conseil municipal, nos électeurs ont été unanimes à réclamer l'instruction purement laïque et nous ont choisis, après avoir reçu de nous l'assurance que nous partagions entièrement leurs sentiments sur ce point. Élus par les étrangers et à la presque unanimité, nous représentons la majorité de la population étrangère et nous affirmons que cette majorité entend assurer à la jeune génération qui nous suit, non pas l'instruction par les congréganistes mais l'instruction par les laïques, c'est-à-dire par des pères de famille et des citoyens.

Le citoyen Crispo fait la même déclaration, tant en son nom qu'au nom de son collègue Palisser.

« C'est à tort, dit-il, qu'on cherche à représenter les étrangers d'Alger comme imbus de préjugés d'un autre âge. Les étrangers algériens, les électeurs fixés ici et que leurs intérêts et leurs liens de famille attachent à l'Algérie nous ont donné mandat de les représenter au sein du Conseil municipal. Ce qu'ils veulent, c'est l'instruction laïque, et cette quantité fantastique de signatures ou plutôt de croix apposées sur la pétition en faveur des frères ne saurait tromper personne.

» Nous savons comment ont été obtenues ces croix tracées de la même main. Je pourrais citer une dame qui, lasse d'obsessions renouvelées, a fini par signer, sur cette fameuse pétition, du nom de son mari, et qui, par crainte de justes reproches de sa part, est venue me supplier de faire biffer sa signature, comme si cela était en mon pouvoir.

» On a apposé le nom d'enfants âgés de deux ans ou qui peut-être n'étaient pas encore nés. Du reste, les noms réels ou fictifs qui figurent sur la pétition, sont des noms étrangers, inconnus à Alger. Les neuf dixièmes sont des pêcheurs ou des matelots de passage, qui n'ont pas de domicile fixe et algériens seulement pour la circonstance.

» D'autres ne sont même pas étrangers aujour-d'hui, car ils ont été contraints d'obtenir leur natu-ralisation pour pouvoir continuer le cabotage sur la côte.

Je proteste donc, comme mon collègue Berthoud, et j'affirme de la façon la plus énergique que nos électeurs nous ont donné mandat de réclamer l'instruction laïque. »

» Le citoyen Elie aurait désiré voir figurer dans le rapport un fait significatif qui remonte à 1863. A cette époque, le Conseil municipal, sur la demande de M. Blasselle, rapporteur de la commission du budget, supprime les professeurs d'hébreu dans les écoles israélites. M. Blasselle exprimait l'espoir de voir plus tard tous les enfants d'Alger, indistincte-ment, sur les bancs des mêmes écoles et regrettait cette division en écoles catholiques, protestantes et israélites. « La Commission, disait-il, dans une séan-
» ce suivante, envisageant la question à un point
» de vue plus élevé, indiquait dans son rapport,
» que tous nos efforts devaient tendre à réunir un
» jour sur les mêmes bancs et lorsque les locaux
» le permettraient, les enfants de toutes les natio-
» nalités et de tous les cultes, sous la direction de
» maîtres français, afin de les initier indistincte-
» ment à la vie du citoyen et de développer en
» eux cet esprit de camaraderie qui est le plus sûr
» moyen d'arriver à la fusion des races. »

Ce fait de la suppression des professeurs d'hé-breu, en 1863, démontre bien que l'on ne pouvait, dès ce moment, se méprendre sur le vœu de la po-pulation algérienne. Les sentiments de cette popu-lation n'ont pas changé.

Le Maire informe le Conseil que, depuis la rédac-tion du rapport dont il vient d'être donné lecture, il a reçu communication de deux nouveaux docu-

ments. L'un de ces documents est une lettre adressée par le Ministre de l'instruction publique, M. J. Simon, au Préfet de Constantine, et datée du 5 mai 1871. Dans cette lettre, M. le ministre, informé que le Conseil municipal de Constantine a décidé le remplacement des instituteurs congréganistes par un instituteur laïque, constate que cet instituteur ayant été nommé sans la participation du recteur, la décision doit être considérée comme non avenue; mais, il ajoute : « Néanmoins comme je ne
» doute pas que le Conseil municipal n'ait fait un
» bon choix, je pense que M. le recteur, considé-
» rant la nomination faite *comme l'expression des*
» *vœux de la population, s'empressera de la rati-*
» *fier.* »

Le second document, est une lettre du recteur au maire de Constantine, dans laquelle il exprime le regret de n'avoir pas été informé des projets de la commune. « Ces irrégularités, dit-il, sont d'au-
» tant plus fâcheuses *qu'elles n'étaient point né-*
» *cessaires pour le but à atteindre.* » On ne peut reconnaître d'une façon plus explicite le droit des communes.

Il en ressort manifestement, pour celles-ci, le droit de délibérer sur le caractère même de l'enseignement, sauf l'approbation préfectorale.

Au recteur est réservé la nomination du personnel enseignant.

Aussi, le recteur s'empresse-t-il de déclarer, suivant le vœu du Ministre, qu'il est tout disposé à faire les nominations demandées par le Maire de Constantine, à la date du 10 mai, à la seule condition « que la
» délibération relative au remplacement des insti-
» tuteurs congréganistes par des laïques aura reçu,
» conformément à la règle, l'approbation préfec-
» torale »

Si nous revenons à la lettre du ministre de l'instruction publique, nous voyons, d'autre part, que

M. le Ministre ne fait aucune difficulté de considérer l'irrégularité, la nullité même de la délibération du Conseil municipal de Constantine comme étant d'une importance secondaire ; la nomination d'un instituteur laïque, étant l'*expression du vœu de la population*, doit être ratifiée. Il invite expressément le recteur à prononcer cette ratification. « *Jusqu'à* » *ce moment*, ajoute-t-il, *les frères sont les seuls* « *instituteurs reconnus par la loi et devront rester* » *en possession de l'école qui leur a été confiée.* » Les mots, *jusqu'à ce moment*, indiquent assez clairement que le défaut seul de la nomination par le recteur est un obstacle à l'exécution de la mesure prise par le Conseil municipal de Constantine et que les droits des congréganistes cesseront *le jour même* où la nomination aura été ratifiée par le recteur.

Les irrégularités dont il vient d'être question n'ont pas été commises à Alger. Il n'existe pas de cas de nullité, comme on pourrait le prétendre, pour Constantine, et l'on ne peut s'empêcher de remarquer à nouveau la contradiction flagrante qui existe entre les actes de M. le Gouverneur général et les instructions même de M. le Ministre de l'instruction publique.

Je propose au Conseil de mettre aux voix l'adoption des conclusions de notre rapport.

Avant qu'il soit passé au vote, le Conseil adresse unanimement des félicitations au maire et au citoyen Clémenson pour le rapport consciencieux et complet qui lui est soumis.

Le citoyen Crispo déclare, au nom de son collègue Palisser, retenu chez lui pour cause de maladie, que ce dernier approuve complètement les considérants et les conclusions de rapport dont il lui a été donné de prendre connaissance avant la séance.

Le citoyen Elie fait la même déclaration pour son collègue Vignard, actuellement en voyage.

La discussion étant close, les conclusions du rapport sont mises aux voix et adoptées à l'unanimité.

Sur la proposition des citoyens Antoni et Le Lièvre, le Conseil décide que la délibération de ce jour sera livrée à l'impression, et charge le maire de prendre, à cet effet, les dispositions qu'il jugera convenables, tant pour le nombre d'exemplaires, que pour les détails se rattachant à cette opération.